あいうえ

KB082719

《아이우에오》

일본어
글자쓰기

J PLUS
Language Publishing Co.

히라가나

우리의 한글에 해당하는 글자가 일본어의 '가나' 입니다. '가나'는 히라가나와 가타카나로 되어 있는데, 가장 기본이 되는 히라가나부터 연습해 봅시다.

글자는 あいうえお, かきくけこ…아이우에오, 카키쿠케코…의 순서대로 다섯 개씩 끊어 읽으세요.

히라가나 [청음]

→

あ행	い이	う우	え에	お오
あ행 あ아	い이	う우	え에	お오
か행 か카	き키	く쿠	け케	こ코
さ행 さ사	し시	す스	せ세	そ소
た행 た타	ち치	つ츠	て테	と토
な행 な나	に니	ぬ누	ね네	の노
は행 は하	ひ히	ふ후	へ헤	ほ호
ま행 ま마	み미	む무	め메	も모
や행 や야		ゆ유		よ요
ら행 ら라	り리	る루	れ레	ろ로
わ행 わ와				を오
ん응				

あ	あ	あ			

い	い	い			

う	う	う			

え	え	え			

お	お	お			

あ　아
い　이
う　우
え　에
お　오

4

▶ 읽고 써 보세요.

あ　い
　　い
사랑

あ　か
　　か
빨강

い　え
　　え
집

い　す
　　す
의자

う　さ　ぎ
　　さ　ぎ
토끼

う　え
　　え
위

え
그림

え　き
　　き
역

あ　お
　　お
파랑

お　お　い
　　　　い
많다

か 행 연습　かきくけこ

か	か	か		

き	き	き		

く	く	く		

け	け	け		

こ	こ	こ		

카
키
쿠
케
코

6

▶ 맞는 것을 고르세요.

얼굴
[카오]

☐ かお   ☐ かき

가을
[아키]

☐ あき   ☐ えき

구두
[쿠츠]

☐ きく   ☐ くつ

휴대폰
[케ー타이]

☐ けしゴム   ☐ けいたい

어린이
[코도모]

☐ こども   ☐ たこ

ひらがな   7

さ	さ	さ			

さ 사

し	し	し			

し 시

す	す	す			

す 스

せ	せ	せ			

せ 세

そ	そ	そ			

そ 소

8

▶ 맞는 글자를 골라, 빈 칸에 써 보세요.

- かさ
- かき

우산
[카사]

- いた
- した

아래
[시타]

- すいか
- むいか

수박
[스이카]

- しいえい
- すいえい

수영
[스이에—]

- けんせい
- せんせい

선생님
[센세—]

- そば
- とば

메밀국수
[소바]

た　타

た	た	た			

ち　치

ち	ち	ち			

つ　츠

つ	つ	つ			

て　테

て	て	て			

と　토

と	と	と			

▶ 빈 칸에 들어갈 글자를 써 넣으세요.

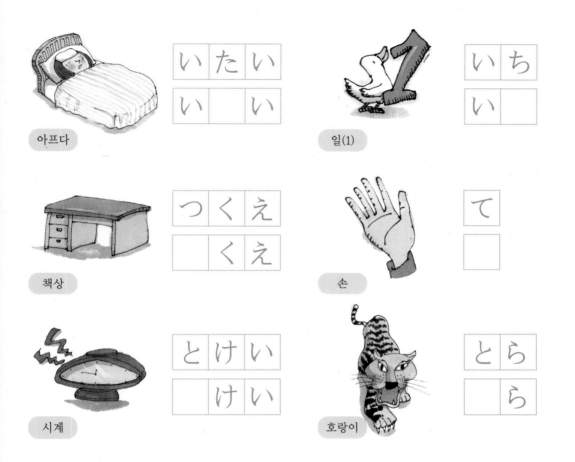

いたい
い　い
아프다

いち
い
일(1)

つくえ
　くえ
책상

て
□
손

とけい
　けい
시계

とら
　ら
호랑이

▶ 왼쪽의 글자와 같은 글자를 찾으세요.

た　　た □　な □　た □　に □　た □

つ　　つ □　の □　つ □　つ □　う □

な (나)

な	な	な			

に (니)

に	に	に			

ぬ (누)

ぬ	ぬ	ぬ			

ね (네)

ね	ね	ね			

の (노)

の	の	の			

▶ 알맞은 단어를 찾아 빈 칸에 써 넣으세요.

なし　　にわとり　　いぬ　　のり　　ぬの
배　　　　닭　　　　　개　　　김　　　천

はな　　にほん　　ねぎ　　ねこ
꽃　　　　일본　　　파　　　고양이

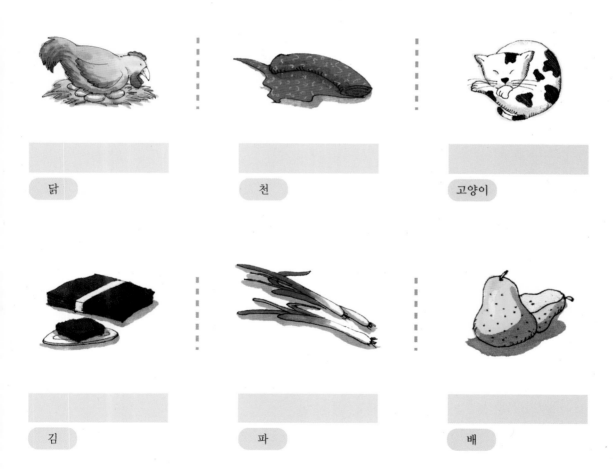

닭　　　　　　　　천　　　　　　　　고양이

김　　　　　　　　파　　　　　　　　배

ひらがな　　**13**

は	は	は			

하

ひ	ひ	ひ			

히

ふ	ふ	ふ			

후

へ	へ	へ			

헤

ほ	ほ	ほ			

호

▶ 그림과 맞는 글자를 고르세요.

- [ ] たな
- [ ] はな

코 [하나]

- [ ] にこ
- [ ] はこ

상자 [하코]

- [ ] ひく
- [ ] きく

당기다 [히쿠]

- [ ] しろい
- [ ] ひろい

넓다 [히로이]

- [ ] へそ
- [ ] しそ

배꼽 [헤소]

- [ ] きいふ
- [ ] さいふ

지갑 [사이후]

- [ ] ひや
- [ ] へや

방 [헤야]

- [ ] ほし
- [ ] はし

별 [호시]

ま
마

ま	ま	ま			

み
미

み	み	み			

む
무

む	む	む			

め
메

め	め	め			

も
모

も	も	も			

▶ 단어를 찾아 다음 빈칸에 써 넣으세요.

あ	く	よ	も	も	い	う	さ	し
こ	る	む	し	あ	は	の	た	か
か	ま	の	す	め	い	は	は	き
き	め	へ	と	も	の	さ	し	い
む	の	そ	た	ち	み	み	つ	し

も	も

복숭아

く	る	ま
く	る	

자동차

よ	む
よ	

읽다

み	み

귀

は	さ	み
は	さ	

가위

も	の	さ	し
	の	さ	し

자

や	や	や			

や
야

ゆ	ゆ	ゆ			

ゆ
유

よ	よ	よ			

よ
요

▶ 빈 칸에 들어갈 글자를 써 넣으세요.

や ゆ よ

やま / ゆき / よる / よむ / ゆり / やじるし

산 　 □ ま

화살표 　 □ じ る し

눈 　 □ き

백합 　 □ り

읽다 　 □ む

밤 　 □ る

ら	ら	ら			

ら 라

り	り	り			

り 리

る	る	る			

る 루

れ	れ	れ			

れ 레

ろ	ろ	ろ			

ろ 로

▶ 맞는 글자를 골라, 빈 칸에 써 보세요.

- さくら
- さくう

벗꽃
[사쿠라]

- さら
- さり

접시
[사라]

- りんご
- いんご

사과
[링고]

- あり
- はり

개미
[아리]

- さる
- さろ

원숭이
[사루]

- ねいぞうこ
- れいぞうこ

냉장고
[레ー조ー코]

- ろうか
- るうか

복도
[로ー카]

- ろく
- るく

육(6)
[로쿠]

ひらがな　21

わ [와]
わ わ わ

を [오]
を を を

ん [응]
ん ん ん

틀리기 쉬운 글자 ▶ 맞는 단어를 고르세요.

☐ ねこ
☐ れこ
☐ わこ

고양이 [네코]

☐ さる
☐ さろ
☐ きる
☐ きろ

원숭이 [사루]

☐ うえ
☐ らえ

위 [우에]

☐ いた
☐ した

아래 [시타]

▶ 맞는 것끼리 연결하고, 단어를 써 보세요.

악어 [와니]

 わたし

도장 [항코]

 わに

귤 [미칸]

 みかん

나 [와타시]

 はんこ

1 빈 칸에 들어갈 글자를 써 넣으세요.

	い	う	え	
か				こ
	し		せ	そ
			て	と
な	に			
	ひ	ふ		ほ
ま		む		
		ゆ		
	り		れ	
				を
ん				

2 그림의 단어를 빈 칸에 써 넣으세요.

せんせい / ねこ / そら / くつした / のり
とけい / にわとり / さいふ / あか / うえ

위

빨강

선생님

양말

하늘

고양이

시계

김

닭

지갑

탁음·반탁음이간?

글자 어깨에 탁음이나 반탁음의 부호가 붙은 것으로, 청음과는 달리 맑지 않은 소리가 납니다.

が행, ざ행, だ행, ば행이 탁음이고, 반탁음은 ぱ행 뿐입니다.

히라가나 [탁음·반탁음]

→

が 가	ぎ 기	ぐ 구	げ 게	ご 고
ざ 자	じ 지	ず 즈	ぜ 제	ぞ 조
だ 다	ぢ 지	づ 즈	で 데	ど 도
ば 바	び 비	ぶ 부	べ 베	ぼ 보

ぱ 빠	ぴ 삐	ぷ 뿌	ぺ 뻬	ぽ 뽀

が (가)

が　が　が

ぎ (기)

ぎ　ぎ　ぎ

ぐ (구)

ぐ　ぐ　ぐ

げ (게)

げ　げ　げ

ご (고)

ご　ご　ご

▶ 다음 단어를 읽고 쓰세요.

かぎ
열쇠

かがみ
거울

しんごう
신호

いちご
딸기

ざ	ざ	ざ			

ざ（자）

じ	じ	じ			

じ（지）

ず	ず	ず			

ず（즈）

ぜ	ぜ	ぜ			

ぜ（제）

ぞ	ぞ	ぞ			

ぞ（조）

▶ 다음 단어를 읽고 쓰세요.

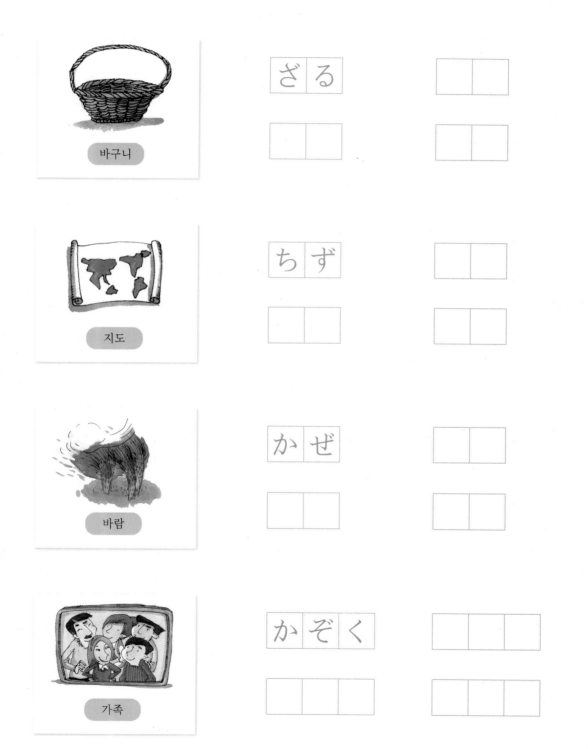

바구니

ざる

ちず

지도

かぜ

바람

かぞく

가족

だ (다)

だ	だ	だ			

ぢ (지)

ぢ	ぢ	ぢ			

づ (즈)

づ	づ	づ			

で (데)

で	で	で			

ど (도)

ど	ど	ど			

▶ 다음 단어를 읽고 쓰세요.

눈사람

ゆ き だ る ま

창문

ま ど

필통

ふ で ば こ

어린이

こ ど も

ひらがな   **33**

ば　바

ば	ば	ば			

び　비

び	び	び			

ぶ　부

ぶ	ぶ	ぶ			

べ　베

べ	べ	べ			

ぼ　보

ぼ	ぼ	ぼ			

34

▶ 다음 단어를 읽고 쓰세요.

돼지

ぶた

먹다

たべる

가방

かばん

모자

ぼうし

반탁음 ぱ행 연습　ぱぴぷぺぽ

ぱ	ぱ	ぱ		

ぱ　빠　ぱ

ぴ	ぴ	ぴ		

ぴ　삐　ぴ

ぷ	ぷ	ぷ		

ぷ　뿌　ぷ

ぺ	ぺ	ぺ		

ぺ　뻬　ぺ

ぽ	ぽ	ぽ		

ぽ　뽀　ぽ

▶ 다음 단어를 읽고 쓰세요.

건배		かんぱい

か	ん	ぱ	い

꼬르륵		ぺこぺこ

ぺ	こ	ぺ	こ

신부		しんぷ

し	ん	ぷ

민들레		たんぽぽ

た	ん	ぽ	ぽ

연필		えんぴつ

え	ん	ぴ	つ

요음은 뭐예요?

きしちにひ…등의 い단음에 や, ゆ, よ를 각각 작게 써서 붙인 글자로 우리말의 이중모음(야, 유, 요)의 역할을 합니다.

이 때 발음은 한 글자로 쳐서 한 박자로 발음합니다.

きや → 두 박자	きゃ → 한 박자
키 야	캬

※ ぢゃ, ぢゅ, ぢょ는 じゃ, じゅ, じょ와 발음이 같은데 주로 じゃ, じゅ, じょ를 씁니다.

히라가나 [요음]

きゃ	캬	きゅ	큐	きょ	쿄
しゃ	샤	しゅ	슈	しょ	쇼
ちゃ	챠	ちゅ	츄	ちょ	쵸
にゃ	냐	にゅ	뉴	にょ	뇨
ひゃ	햐	ひゅ	휴	ひょ	효
みゃ	먀	みゅ	뮤	みょ	묘
りゃ	랴	りゅ	류	りょ	료
ぎゃ	갸	ぎゅ	규	ぎょ	교
じゃ	쟈	じゅ	쥬	じょ	죠
ぢゃ	쟈	ぢゅ	쥬	ぢょ	죠
びゃ	뱌	びゅ	뷰	びょ	뵤
ぴゃ	뺘	ぴゅ	쀼	ぴょ	뾰

きゃ きょ 캬	きゃ	きゃ	きゃ		

きゅ 큐	きゅ	きゅ	きゅ		

きょ 쿄	きょ	きょ	きょ		

▶ 다음 단어를 읽어 보세요.

きゅう
9

やきゅう
야구

きょうしつ
교실

ゆうびんきょく
우체국

しゃ	しゃ	しゃ		

しゃ 샤

しゅ	しゅ	しゅ		

しゅ 슈

しょ	しょ	しょ		

しょ 쇼

▶ 다음 단어를 읽어 보세요.

いしゃ
의사

しゃしん
사진

しゅふ
주부

としょかん
도서관

ひらがな **41**

ちゃ 챠	ちゃ	ちゃ	ちゃ		

ちゅ 츄	ちゅ	ちゅ	ちゅ		

ちょ 쵸	ちょ	ちょ	ちょ		

▶ 다음 단어를 읽고 써 보세요.

ちゅうごく 중국	おちゃ 차(茶)

おもちゃ 장난감	ちょきん 저금, 저축

42

にゃ (냐)	にゃ	にゃ	にゃ		

にゅ (뉴)	にゅ	にゅ	にゅ		

にょ (뇨)	にょ	にょ	にょ		

▶ 다음 단어를 읽고 써 보세요.

にゃおにゃお 야옹야옹

こんにゃく 곤약

にゅういん 입원

にゅうしゃ 입사

ひらがな **43**

ひゃ 하	ひゃ	ひゃ	ひゃ		

ひゅ 휴	ひゅ	ひゅ	ひゅ		

ひょ 효	ひょ	ひょ	ひょ		

▶ 다음 단어를 읽고 써 보세요.

ひゃく 100	ひょうざん 빙산

ひょうしき 표지	ひょうじょう 표정

みゃ				
みゃ 먀	みゃ	みゃ	みゃ	

みゅ				
みゅ 뮤	みゅ	みゅ	みゅ	

みょ				
みょ 묘	みょ	みょ	みょ	

▶ 다음 단어를 읽고 써 보세요.

みょうじ 성씨	みゃく 맥

さんみゃく 산맥	きみょうだ 이상하다

りゃ 랴	りゃ	りゃ	りゃ		

りゅ 류	りゅ	りゅ	りゅ		

りょ 료	りょ	りょ	りょ		

▶ 다음 단어를 읽고 써 보세요.

りょうしん 부모님	りょうり 요리

りゅうがく 유학	りゅうこう 유행

ぎゃ 갸	ぎゃ	ぎゃ	ぎゃ		

ぎゅ 규	ぎゅ	ぎゅ	ぎゅ		

ぎょ 교	ぎょ	ぎょ	ぎょ		

▶ 다음 단어를 읽고 써 보세요.

ぎゅうにゅう 우유	ぎゅうにく 쇠고기

ぎょうじ 행사	ぎゃく 거꾸로

じゃ	じゃ	じゃ		

じゃ
쟈

じゅ	じゅ	じゅ		

じゅ
쥬

じょ	じょ	じょ		

じょ
죠

▶ 다음 단어를 읽고 써 보세요.

じゅうしょ 주소

じょうほう 정보

じゃんけん 가위바위보

じゅんじょ 순서

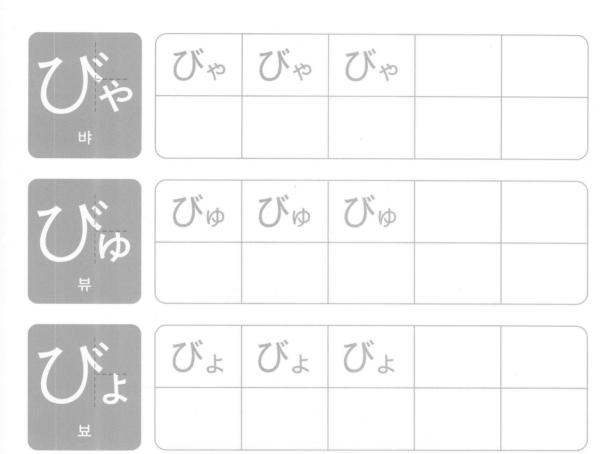

| びゃ
뱌 | びゃ | びゃ | びゃ | | |
| | | | | | |

| びゅ
뷰 | びゅ | びゅ | びゅ | | |
| | | | | | |

| びょ
뵤 | びょ | びょ | びょ | | |
| | | | | | |

▶ 다음 단어를 읽고 써 보세요.

さんびゃく 300

びょうき 병(질병)

びょういん 병원

びょうしゃ 묘사

ひらがな **49**

ぴゃ 빠	ぴゃ	ぴゃ	ぴゃ		

ぴゅ 뿌	ぴゅ	ぴゅ	ぴゅ		

ぴょ 뽀	ぴょ	ぴょ	ぴょ		

▶ 다음 단어를 읽고 써 보세요.

はっぴょう 발표

はっぴゃく 800

50

히라가나 〔촉음〕

촉음은 뭐예요?

つ를 작게 쓴 것으로, 우리말의 'ㅅ'과 같은 받침 역할을 합니다.

· · ·
さっか 〔삿까〕 작가 ➡ 세 박자

잡지

ざっし ☐☐☐

잎

はっぱ ☐☐☐

여덟 개

やっつ ☐☐☐

남편

おっと ☐☐☐

가타카나 [청음]

→

ア 아	イ 이	ウ 우	エ 에	オ 오
カ 카	キ 키	ク 쿠	ケ 케	コ 코
サ 사	シ 시	ス 스	セ 세	ソ 소
タ 타	チ 치	ツ 츠	テ 테	ト 토
ナ 나	ニ 니	ヌ 누	ネ 네	ノ 노
ハ 하	ヒ 히	フ 후	ヘ 헤	ホ 호
マ 마	ミ 미	ム 무	メ 메	モ 모
ヤ 야		ユ 유		ヨ 요
ラ 라	リ 리	ル 루	レ 레	ロ 로
ワ 와				ヲ 오
ン 응				

행 표시: ア행 カ행 サ행 タ행 ナ행 ハ행 マ행 ヤ행 ラ행 ワ행

가타카나 [탁음·반탁음]

ガ 가	ギ 기	グ 구	ゲ 게	ゴ 고
ザ 자	ジ 지	ズ 즈	ゼ 제	ゾ 조
ダ 다	ヂ 지	ヅ 즈	デ 데	ド 도
バ 바	ビ 비	ブ 부	ベ 베	ボ 보
パ 빠	ピ 삐	プ 뿌	ペ 뻬	ポ 뽀

가타카나 [요음]

キャ 캬	キュ 큐	キョ 쿄	ギャ 갸	ギュ 규	ギョ 교
シャ 샤	シュ 슈	ショ 쇼	ジャ 쟈	ジュ 쥬	ジョ 죠
チャ 챠	チュ 츄	チョ 쵸	ヂャ 쟈	ヂュ 쥬	ヂョ 죠
ニャ 냐	ニュ 뉴	ニョ 뇨			
ヒャ 햐	ヒュ 휴	ヒョ 효			
ミャ 먀	ミュ 뮤	ミョ 묘	ビャ 뱌	ビュ 뷰	ビョ 뵤
リャ 랴	リュ 류	リョ 료	ピャ 뺘	ピュ 쀼	ピョ 뾰

ア 아

ア	ア	ア			

イ 이

イ	イ	イ			

ウ 우

ウ	ウ	ウ			

エ 에

エ	エ	エ			

オ 오

オ	オ	オ			

カ					
カ	カ	カ			

カ 카

キ					
キ	キ	キ			

キ 키

ク					
ク	ク	ク			

ク 쿠

ケ					
ケ	ケ	ケ			

ケ 케

コ					
コ	コ	コ			

コ 코

サ
사

サ	サ	サ			

シ
시

シ	シ	シ			

ス
스

ス	ス	ス			

セ
세

각지게

セ	セ	セ			

ソ
소

ソ	ソ	ソ			

タ 타
タ タ タ

チ 치
チ チ チ

ツ 츠
ツ ツ ツ

テ 테
テ テ テ

ト 토
ト ト ト

ナ
나
ナ ナ ナ

ニ
니
ニ ニ ニ

ヌ
누
ヌ ヌ ヌ

ネ
네
ネ ネ ネ

ノ
노
ノ ノ ノ

ハ | ハ | ハ | | |

ハ 하

ヒ | ヒ | ヒ | | |

ヒ 히

フ | フ | フ | | |

フ 후

각지게

へ | へ | へ | | |

へ 헤

붙지 않게

ホ | ホ | ホ | | |

ホ 호

マ
마

각지게
1
2
떨어지지 않게

マ	マ	マ			

ミ
미

1
2
3

ミ	ミ	ミ			

ム
무

1
2

ム	ム	ム			

メ
메

1
2

メ	メ	メ			

モ
모

3
1
2

モ	モ	モ			

ヤ 야
2
1 ヤ

ヤ	ヤ	ヤ			

ユ 유
1
2 ユ

ユ	ユ	ユ			

ヨ 요
1
2
3 ヨ

ヨ	ヨ	ヨ			

ラ
라

ラ	ラ	ラ			

リ
리

リ	リ	リ			

ル
루

ル	ル	ル			

レ
레

レ	レ	レ			

ロ
로

ロ	ロ	ロ			

ワ
와

¹ワ² ↓

ワ	ワ	ワ			

ヲ
오

¹ヲ
²

현대어에서는
쓰지 않는다.

ヲ	ヲ	ヲ			

ン
응

¹ン
²

ン	ン	ン			

▶ 빈 칸에 공통으로 들어갈 글자를 써 넣으세요.

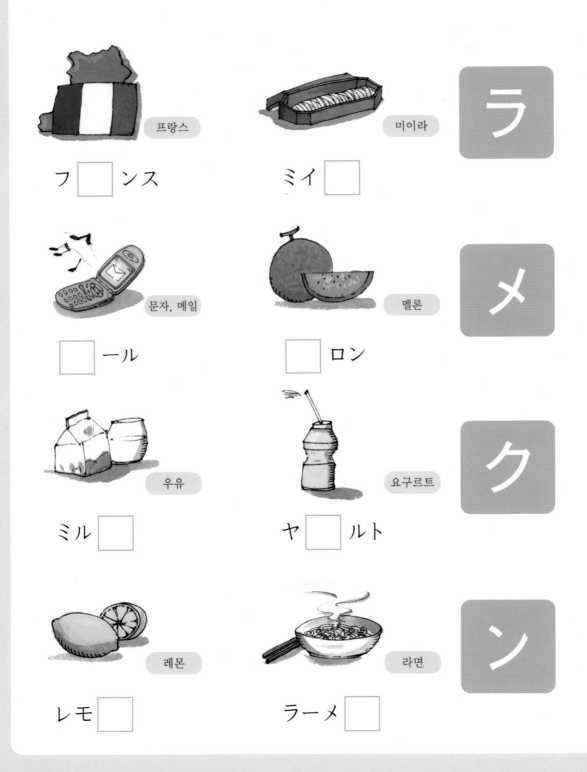

프랑스

フ □ ンス

미이라

ミイ □

ラ

문자, 메일

□ ール

멜론

□ ロン

メ

우유

ミル □

요구르트

ヤ □ ルト

ク

레몬

レモ □

라면

ラーメ □

ン

▶ 그림과 맞는 글자를 고르세요.

시소
- [ ] シーソー
- [ ] ツーソー

써커스
- [ ] サーカヌ
- [ ] サーカス

콜라
- [ ] コーラ
- [ ] ユーラ

하트
- [ ] ソート
- [ ] ハート

TV
- [ ] テレビ
- [ ] ラレビ

마이크
- [ ] マイク
- [ ] アイク

요요
- [ ] ヨーヨー
- [ ] ユーユー

호텔
- [ ] オテル
- [ ] ホテル

▶ 다음 글자를 읽어 보세요.

ユ ヨ コ　ス ヌ ム　テ ラ フ

ミ シ ツ ン ソ　ホ オ

▶ 빈 칸에 공통으로 들어갈 글자를 써 넣으세요.

아이스크림

□ イスクリーム

오리

□ ヒル

ア

케이크

ケー□

키(열쇠)

□ー

キ

커피

□ーヒー

콜라

□ーラ

コ

소스

ソー□

스키

□キー

ス

▶ 빈 칸에 공통으로 들어갈 글자를 써 넣으세요.

담배

□ バコ

택시

□ クシー

タ

테이블

□ ーブル

TV

□ レビ

テ

넥타이

□ クタイ

네트

□ ット

ネ

힐

ヒー□

홀

ホー□

ル

▶ 다음 히라가나를 가타카나로 바꾸세요.

ぴざ → ☐ ☐

피자

でぱーと → ☐ ☐ ー ☐

백화점

ぷれぜんと → ☐ ☐ ☐ ☐ ☐

선물

じゅーす → ☐ ☐ ー ☐

주스

もでる →

モデル

おるがん →

오르간

さらだ →

샐러드

はんばーがー →
| | | | ー | | ー |

햄버거

▶ 다음 표를 완성해 보세요.

ひらがな

あ				
	き			
		す		
			て	
				の
は				
	み			
		ゆ		
			れ	
				を
ん				

カタカナ

ア				
	キ			
		ス		
			テ	
				ノ
ハ				
	ミ			
		ユ		
			レ	
				ヲ
ン				

"아이우에오"
일본어 글자쓰기

중쇄발행	2021년 3월 25일
저자	기획편집부
발행인	이기선
발행처	제이플러스
주소	서울시 마포구 월드컵로 31길 62
전화	영업부 02-332-8320 편집부 02-3142-2520
등록번호	제 10-1680호
등록일자	1998년 12월 9일
홈페이지	www.jplus114.com

ISBN   978-89-92215-24-4